essentials

essentials liefern aktuelles Wissen in konzentrierter Form. Die Essenz dessen, worauf es als „State-of-the-Art" in der gegenwärtigen Fachdiskussion oder in der Praxis ankommt. *essentials* informieren schnell, unkompliziert und verständlich

- als Einführung in ein aktuelles Thema aus Ihrem Fachgebiet
- als Einstieg in ein für Sie noch unbekanntes Themenfeld
- als Einblick, um zum Thema mitreden zu können

Die Bücher in elektronischer und gedruckter Form bringen das Expertenwissen von Springer-Fachautoren kompakt zur Darstellung. Sie sind besonders für die Nutzung als eBook auf Tablet-PCs, eBook-Readern und Smartphones geeignet. *essentials:* Wissensbausteine aus den Wirtschafts-, Sozial- und Geisteswissenschaften, aus Technik und Naturwissenschaften sowie aus Medizin, Psychologie und Gesundheitsberufen. Von renommierten Autoren aller Springer-Verlagsmarken.

Weitere Bände in der Reihe http://www.springer.com/series/13088

Heribert Wienkamp

Psychologische Anforderungsanalysen in Theorie und Praxis

Für Führungskräfte und Personalmanager, die Anforderungsprofile erheben wollen

Heribert Wienkamp
Recklinghausen, Deutschland

ISSN 2197-6708 ISSN 2197-6716 (electronic)
essentials
ISBN 978-3-658-29811-1 ISBN 978-3-658-29812-8 (eBook)
https://doi.org/10.1007/978-3-658-29812-8

Die Deutsche Nationalbibliothek verzeichnet diese Publikation in der Deutschen Nationalbibliografie; detaillierte bibliografische Daten sind im Internet über http://dnb.d-nb.de abrufbar.

Planung/Lektorat: Marion Kraemer
Springer ist ein Imprint der eingetragenen Gesellschaft Springer Fachmedien Wiesbaden GmbH und ist ein Teil von Springer Nature.
Die Anschrift der Gesellschaft ist: Abraham-Lincoln-Str. 46, 65189 Wiesbaden, Germany

Was Sie in diesem *essential* finden können

- Welche Ergebnisse von einer psychologischen Anforderungsanalyse zu erwarten und wie sie zu nutzen sind
- **Warum es wichtig ist, psychologische Merkmale wie Verhaltensanforderungen zu definieren und richtig zuzuordnen**
- **Warum bestimmte Verhaltensweisen für eine Betriebsgemeinschaft irritierend oder sogar schädlich sein können**

Vorwort

Arbeits- und Anforderungsanalysen sind traditionell Gegenstand der arbeitspsychologischen Forschungsliteratur und Praxis, da sich mit ihrem Einsatz zahlreiche Untersuchungen zur Arbeitsgestaltung und Prozessoptimierung verbinden. Sicherlich sind Anforderungsanalysen auch in Fachbüchern zur Eignungsdiagnostik und Personalauswahl obligatorischer Bestandteil, da sie für deren praktische Anwendung eine notwendige Voraussetzung sind. Hierbei beschränkt sich ihre Kommentierung sehr stark auf operative und methodische Fragen, während der strategische „Background" häufig – zu Unrecht – ausgeklammert wird oder zu kurz kommt. Von daher scheint es sinnvoll zu sein, psychologische Anforderungsanalysen als personalwirtschaftliches System nicht nur in Theorie und Praxis zu behandeln, sondern auch erstmals ihre personalstrategische Bedeutung hervorzuheben und transparent zu machen.

Zu diesem Zweck wird zum einen auf ein Fachbuch[1] verwiesen, dass sich primär mit der Entwicklung und Gestaltung von Personalkennzahlensystemen beschäftigt und in einem Sonderkapitel das Thema „psychologische Anforderungsanalysen" im Hinblick auf ihre Verwendung im Rahmen eines Personal-Controllings aufgreift, zum anderen ist ein Fachbuch[2] über die Theorie und Praxis von psychologischen Anforderungsanalysen in Vorbereitung, dass sich ausführlicher diesen Aufgaben und Fragen widmet.

Heribert Wienkamp

[1]siehe Wienkamp (2020). *Der Weg zum Personalkennzahlensystem. Das HR-Cockpit in der Praxis* – einfach, pragmatisch, systematisch. Berlin: Springer.

[2]siehe Wienkamp (in Vorbereitung). *Psychologische Anforderungsanalysen. Methodik und Praxis zur Bestimmung von Anforderungsprofilen.* Berlin: Springer.

Inhaltsverzeichnis

Einführung 1

1.1 Warum Anforderungsanalysen?

Anforderungsanalysen sind im Personalmanagement unentbehrlich, da sie sowohl für die Umsetzung strategischer Impulse aus der verabschiedeten Personalstrategie sorgen als auch die operative Personalarbeit wie die Personalauswahl und die Personalentwicklung (PE) aktiv unterstützen. Verhaltensanforderungen sind in der betrieblichen Praxis überall anzutreffen, denn jeder Arbeitsplatzbesitzer muss wissen, was von ihm erwartet wird und wie er sich verhalten soll.

In der Praxis hat sich allerdings die Erhebung von Anforderungsprofilen als Ergebnis solcher Anforderungsanalysen als *nicht* trivial und einfach erwiesen. Denn zunächst ist es nicht selbstverständlich, dass jeder unter Verhaltensanforderungen oder Persönlichkeitsmerkmalen ein und dasselbe versteht. So interpretiert der eine z. B. Gewissenhaftigkeit eher als das Streben nach *Perfektion,* während andere *Zuverlässigkeit* oder *Termintreue* damit in Verbindung bringen. Werden Führungskräfte zu Arbeitsplatzanforderungen befragt, sehen sie in erster Linie die „positiven Seiten", also die Eigenschaften, die sie für eine erfolgreiche Aufgabenerledigung favorisieren – und davon kann es in der Ausprägung dessen einerseits nicht genug geben. Andererseits kann es passieren, dass sie den universell talentierten „idealen" Menschen sich wünschen, das „Universalgenie" wie Malik (1998) es nannte, den es aber in der Realität so nicht gibt und auch nicht geben muss, da die heutige Arbeitswelt arbeitsteilig organisiert ist und nicht jeder alles können muss!

Vollkommen vernachlässigt werden in der Praxis dagegen Verhaltensweisen, die als (negative) „Anti-Anforderungen" nicht erwünscht sind, da sie zu Schäden führen und dem Betriebsklima abträglich sind. Daher wäre es gerade bei der Personalauslese wichtig, schon bei einem leisen Verdacht auf absonderliche

H. Wienkamp, *Psychologische Anforderungsanalysen in Theorie und Praxis,* essentials, https://doi.org/10.1007/978-3-658-29812-8_1

Verhaltensmerkmale, der Sache auf den Grund zu gehen. Voraussetzung hierfür ist aber, dass solche Attribute und Verhaltenszüge, wie z. B. *Neid, Eitelkeit, Narzissmus* etc. in ihrer Ausdrucksform bekannt sind, wenn eine Sensibilität auch für subtile Anzeichen vorhanden sein soll.

1.2 Anforderungskomplexe

Nun ist es aber so, dass in der Unternehmenswelt, also in der Praxis, ein vielfältiges Spektrum als Verhaltenskanon vorkommt und zu beobachten ist. Am besten ist es, diese Verhaltensnormen zu Anforderungskomplexen zu bündeln.

1.2.1 Mentale Anforderungen

„Grips ist gefragt", so sagt es der Volksmund, wenn von „geistigen Fähigkeiten" oder dem Denken an sich die Rede ist, ohne dessen sich keine Probleme lösen lassen. Ein gewisses Mindestmaß an *Intellekt* ist bei aller Verschiedenheit der Berufe an jedem Arbeitsplatz von Nöten. Warum ist das so? Wesentlich ist der Umstand, dass für „falsche Probleme" oder Scheinprobleme nur vermeintlich richtige Lösungen zu finden sind und es viel schwieriger ist, *falsche* Probleme mit „richtigen" Lösungen zu verwerfen, als wenn eine insuffiziente Lösung für das richtige Problem vorliegt (vgl. Drucker 2009, S. 26).

Neben der Analyse betrieblicher Probleme kommt es nach neuen strategischen Akzentsetzungen insbesondere auf eine neue oder andere mentale Herangehensweise an, die eine intensivere, abstrakte und vernetzte Denkweise erfordert, um z. B. einen neuen Marktzugang oder Kundenservice zu kreieren oder die Implementierung neuer Technologien zu meistern. Konzeptionelle und explorative Tätigkeiten zum Erforschen und Gestalten der neuen Aufgaben ist das eine, was von qualifizierten Mitarbeitern zu fordern ist, das andere ist, dass sie in schriftlicher Form argumentativ kommunizieren können z. B. in Form einer „Vorstands-Vorlage (VS-Vorlage)". Solch eine Argumentation für eine neue Regelung oder Problemlösung ist nur dann überzeugend und wirksam, wenn sie ganz klar zum Ausdruck bringt, a) um welches Problem es sich handelt, b) was der Vorstand entscheiden und beschließen soll und c) welche Vor- und Nachteile (z. B. Risiken) damit verbunden sind.

1.2.2 Soziale Anforderungen

Da ein Betrieb eine Sozialgemeinschaft ist, kommt es einmal auf *soziale* und *kooperative* Umgangsformen an (z. B. Teamgeist), bei Funktionen mit Außenkontakten ist zum anderen die *Kundenorientierung* maßgeblich. Insbesondere dann, wenn sich die Kundenbedürfnisse, wie z. B. die Serviceerwartungen ändern oder anspruchsvoller werden, muss das Unternehmen darauf reagieren, indem es zuerst diese neuen Ansprüche in Form von Verhaltensnormen ermittelt bevor es neue Mitarbeiterschulungen z. B. anbietet.

1.2.3 Persönlichkeitsanforderungen

Eine Organisation ist auch eine Arena von Partikularinteressen, die z. T. Ausfluss der Persönlichkeit der dort beschäftigten Akteure sind. Im Normalfall herrscht das Prinzip „Geben und Nehmen", aber das ist nicht immer so. Bei *Dominanzgehabe, Machtansprüchen, übertriebenes Selbstvertrauen („overconfidence")* usw. kann sehr schnell das „soziale Gefüge" in Schieflage geraten und der Betriebsfrieden brüchig werden. Um solchen Problemen vorzubeugen, sind bei bestimmten Funktionen, wie z. B. Führungskräften bestimmte Persönlichkeitseigenschaften zu erkunden, z. B. *Gelassenheit, Konflikt- und Kompromissfähigkeit* etc., die mithilfe einer *psychologischen Anforderungsanalyse* zu sondieren und in ihrer spezifischen Ausprägung festzulegen sind.

Ein besonderes Augenmerk ist auf Persönlichkeitsmerkmale zu legen, die *bipolar* sind, d. h. jeweils an beiden Enden *extreme* Verhaltenszüge aufweisen, die bei Übertreibung *negativ* in Erscheinung treten. So ist z. B. eine *Risikoaversion* einerseits aufgrund der damit zusammenhängenden Passivität oder Entscheidungsschwäche ebenso schädlich wie eine *Risikolust,* die nur dem Selbstzweck dient oder einem Spiel- oder Spekulationstrieb folgt.

1.2.4 Unerwünschte „Anti-Anforderungen"

Nicht erwünschte Persönlichkeitszüge oder Verhaltensmuster dürfen auf keinen Fall zu Tabuthemen erklärt werden, sondern sind gerade dort (z. B. im Vertrieb oder im Call-Center), wo sie im Kundenverkehr besondere Irritationen und damit Nachteile anrichten können, zu thematisieren und die betroffenen Mitarbeiter hierfür zu sensibilisieren. *Hedonistische Impulse,* denen aus Bequemlichkeit oder „Denkfaulheit" nachgegeben wird, sind z. B. häufig für andere ein Ärgernis, da sie zu vermeidbaren Fehlern oder Störungen führen. Schlimmer noch ist eine *Realitätsblindheit,* also „auf dem Holzweg zu sein, ohne es zu merken", bei der ein Funktionsträger in verantwortlicher Position einen beträchtlichen Schaden für die Firma anrichten kann, weil die Einsichtsfähigkeit, sich geirrt zu haben, schmerzhaft ist und meistens viel zu spät kommt. Völlig indiskutabel wäre darüber hinaus ein Benehmen, das die normalen Umgangsformen vermissen lässt.

1.3 Resümee: Was können Sie erwarten?

Zunächst soll ein Blick in die Wissenschaft und Praxis Ihnen die als Anforderungsmerkmale relevanten Persönlichkeitskonstrukte und Verhaltensweisen in ihrem Aussagekern und in ihrer Operationalisierung näherbringen (s. Kap. 2). Um eine psychologische Anforderungsanalyse zu meistern, bedarf es sowohl einiger theoretischer als auch methodischer Grundlagen, die ihnen im Überblick vorgestellt werden (s. Kap. 3). Im Anschluss daran soll Ihnen ein Anwendungsbeispiel aus der Praxis diese Kenntnisse veranschaulichen und begreiflich machen (s. Kap. 4). Welche Möglichkeiten sich aus den als Anforderungsprofile vorliegenden Ergebnissen für das operative Personalgeschäft offenbaren (s. Kap. 5) und welche Schlussfolgerungen sich für die Umsetzung der aktuellen Personalstrategie ergeben (s. Kap. 6), sollen zum Abschluss diskutiert werden.

2 Anforderungsmerkmale in Theorie und Praxis

Psychologische Merkmale als Bestandteil von *Anforderungsprofilen* „fallen nicht vom Himmel“ und sind auch nicht selbsterklärend, sodass es notwendig ist, sie zu definieren und zu entwickeln. Ihre Herleitung bezieht sich zum einen auf Konventionen über ihre Inhalte und sprachliche Interpretation, zum anderen auf empirische Befunde, die diese sprachlichen Auslegungen unterstützen.

Ein Blick auf die betrieblichen Anforderungen zeigt, welche Persönlichkeitsmerkmale infrage kommen und ggf. erfolgskritisch sind. Aus der Psychologie lassen sich zu den Anforderungskategorien folgende Erkenntnisse entnehmen:

2.1 Intelligenz

Intelligenz als im Hintergrund laufende Denkvorgänge ist, wie bereits erwähnt, eine notwendige Voraussetzung zur Erledigung vieler betrieblicher Aufgaben und Entwicklung von Problemlösungen. Es ist das, was sich mit „gewusst wie“ umschreiben lässt. Dies schließt sowohl anspruchsvolle Routinehandlungen (nach „Schema F“) als auch kreative, originäre Ideen zur Problemlösung ein.

Abgesehen von den in der Psychologie bekannten und propagierten Intelligenzmodellen, kann, Stand heute (vgl. Schuler 2014, S. 87), davon ausgegangen werden, dass es sowohl eine allgemeine Intelligenz als Oberbegriff für mentale Prozesse als auch diverse geistige Fähigkeiten oder Begabungen gibt, die bei den Menschen unterschiedlich stark ausgeprägt sind. Gegenstand von Intelligenztests sind dann diese intellektuellen Fähigkeiten, die durch entsprechende Aufgaben getestet werden. Als Ergebnis eines Intelligenztestes ergibt sich dann ein *Intelligenzquotient (IQ)* mit einem Mittelwert von 100 und einer Standardabweichung von 15, sodass bei mehr als zwei Standardabweichungen – oder einem

H. Wienkamp, *Psychologische Anforderungsanalysen in Theorie und Praxis*, essentials, https://doi.org/10.1007/978-3-658-29812-8_2

IQ von > 130 – mit einer Häufigkeit von *weniger* als 3 % mit besseren Intelligenz- oder Testleistung zu rechnen ist.

Intelligenz verbindet sich mit typischen Vorgängen wie richtige Problemerkennung, Analysen bis ins Detail durchführen, Abstraktionen oder Synthesen bilden und letztendlich zu fundierten Entscheidungen oder Handlungen zu kommen. Abzugrenzen sind von diesen eher bewusst ablaufenden Prozessen so etwas wie eine „intuitive Intelligenz", die aufgrund von gemachten Erfahrungen relativ unbewusst, also intuitiv geschieht und stark von Gefühlen gesteuert wird (also vom „emotionalen Gedächtnis"), oder die *Kreativität,* die sich insbesondere durch das Heranwagen an neue, bisher unbekannte Lösungswege auf unsicherem Terrain auszeichnet.

Nichts mit Intelligenz zutun hat die populär gewordenen „Emotionale Intelligenz", die ein Sammelsurium von bereits bekannten, unterschiedlichen Kompetenzen vereint und über nichts spezifisch Eigenständiges als zusätzliches Erkenntnispotenzial verfügt, sodass das Konzept für die betriebliche Praxis, z. B. bei der Personalauswahl, keine Vorteile bringt und zu nichts führt (vgl. Schuler 2014, S. 95 f.).

2.2 Sonstige kognitive Fähigkeiten

Gegenstand kognitiver Leistungstests sind andere Leistungsqualitäten, die weniger mit Denken und Problemlösungen zu tun haben, sondern mehr mit Beanspruchungen aufgrund von *Aufmerksamkeit* und *Konzentration.* Solche Leistungsanforderungen sind eine Eignungsvoraussetzung für viele Tätigkeiten, die mit Prozesssteuerung (inkl. Intervention), Arbeitssicherheit im weitesten Sinne und mit Belastungen durch dauerhaftes geschärftes Wachsein (Vigilanz) zusammenhängen. Sie sind in der industriellen Fertigung genauso vertreten wie im Sicherheitsbereich, z. B. bei den Fluglotsen, denen ein hohes Maß an Aufmerksamkeit und Konzentrationsvermögen abverlangt wird.

Manuelle Herausforderungen, wie z. B. handwerkliche oder feinmechanische Aufgaben, die auch von einer Fokussierung auf die Tätigkeit begleitet werden, fallen per Definition nicht unter die kognitiven Fähigkeiten, sondern gehören in den Bereich der „Geschicklichkeit".

2.3 Leistungsmotivation

Leistungsmotivation („achievement motivation") ist neben Macht- oder Führungsmotivation („power motivation") und Bindungsmotivation („affiliation motivation") eine Komponente in dem „Standardmodell" zur Motivation von

McClelland (z. B. 1987). In dieser Antriebskraft kommt der Wille zur Zielerreichung, zur „Hoffnung auf Erfolg" (Heckhausen 1963) und zur (aktiven) Handlungsorientierung (z. B. Kuhl 2010) eindrucksvoll zum Ausdruck. Bei fehlender Leistungsmotivation kann dies „spiegelbildlich" auf die „Angst vor dem Misserfolg", wie Heckhausen es definierte, oder auf eine antriebshemmende Lageorientierung, die gemäß Kuhl mit Selbstzweifel, Grübeln u. ä. auftritt, zurückgeführt werden. Lageorientierung unterscheidet sich als „Entscheidungsschwäche" von dem psychologischen Konstrukt *„procrastination"*, dass mit Verzögern, Aufschieben etc. zu umschreiben ist und eher an eine „Motivationsschwäche", nämlich nicht Dinge beherzt und sofort anzugehen, erinnert.

Eng verbunden mit dem Verständnis von Leistungsmotivation ist die *intrinsische* Motivation, die aus sich selbst heraus aufgrund der Freude an der Tätigkeit an sich wirksam ist und im Gegensatz zur extrinsischen Motivation keinerlei Belohnungserwartungen bedarf (s. Deci und Ryan 1985). Nach dem Konzept der *impliziten* Motivation ist eine gute Leistung insbesondere dann zu erwarten, wenn zwischen der Handlung und den (impliziten) Zielen sowie den hierbei auftretenden Gefühlen eine Harmonie herrscht, was auch *Zielkongruenz* bedeutet (s. Brunstein 2010, S. 354 ff.). Selbstredend ist, dass mit Motivation dann zu rechnen ist, wenn eine Person sich per se für die Aufgabe interessiert, denn niemand wird sich für etwas euphorisch engagieren, wozu keinerlei Interesse besteht.

2.4 Persönlichkeitsmerkmale

Persönlichkeitseigenschaften sind abhängig von den bisher gemachten Lebenserfahrungen, die die Persönlichkeitsentwicklung prägen und das ausmachen, was sich mit dem „emotionalen Gedächtnis" und den jeweils in einer ähnlichen Situation ausströmenden Gefühlen verbindet. In der Psychologie findet die Erforschung psychopathologischer oder abnormer Verhaltensmuster ein größeres Interesse, da die gewonnenen Erkenntnisse zu geeigneten Therapieangeboten führen sollen.

In der betrieblichen Praxis ist Gott sei Dank dagegen eher das Normalverhalten angesagt und skurrile oder abnorme Verhaltenszüge sind eher die Ausnahme als die Regel. Prominentester Vertreter unter den Persönlichkeitsmodellen ist das sogenannte „Big 5" – Modell (Costa und McCrae 1992; McCrae und Costa 1999) mit den *fünf* Persönlichkeitsvariablen: *Neurotizismus, Extraversion-Introversion, Gewissenhaftigkeit, Soziale Verträglichkeit* und *Offenheit.* Zweifelsohne decken diese Variablen einen großen Teil der Persönlichkeit ab und sind deshalb auch in der Persönlichkeitsdiagnostik stark vertreten und populär. Lee und Ashton (2004) fügten diesem Modell noch die Dimension *„Ehrlichkeit – Bescheidenheit“* hinzu, womit eine Verbindung zu eigennützigen Motiven und Verhaltensweisen hergestellt wurde.

Gerade im wirtschaftlichen Kontext, wo es schlicht und ergreifend „ums Geschäft“ geht, ist auf *egoistische* oder *merkantile* Antriebe und Verhaltensmuster nicht zu verzichten, wie es seinerzeit schon J. M. Keynes (1997, S. 161 f.) mit den „animal spirits“, also den animalischen Trieben, bemerkte. Diese Dispositionen sind erfolgskritisch und entscheiden über Gewinn oder Verlust oder Sieg oder Niederlage. Für die Forschung und Praxis eignen sich daher sehr gut Persönlichkeitsmodelle, die von einer Belohnungssensibilität als Antrieb zum Annäherungsverhalten ausgehen, das von gleichzeitig auftretenden Verlust- oder Risikoängsten gehemmt wird, was mit Vermeidungsverhalten zu umschreiben ist (s. hierzu Gray 1971, 1987; und Gray und McNaughton 2000, die die „Reinforcement-Sensitivitäts-Theorie“ mit den drei Persönlichkeitsdimensionen *„Behavioral-Approach System [BAS]“* als Empfindlichkeit für Belohnungen oder Annehmlichkeiten, *„Behavioral-Inhibition System [BIS]“* als Sensibilität gegenüber Angstsituationen und Konflikten und *„Fight-Flight-Freeze System [FFFS]“* als Ausdruck für Panikattacken und phobische Reaktionen auf der Basis von Lernexperimenten mit Versuchstieren entwickelten).

Mit dem Egoismus-Konzept, dass gute Dienste bei der Erklärung von Steuerhinterziehungen (s. De Vries et al. 2009; Webley et al. 2001) und Versicherungsbetrug (Fechtenhauer 1999, S. 203) geleistet hat, lässt sich die Bereicherungsmotivation oder auch *Anreizmotivation* (*„incentive motivation“;* s. Hull 1943, 1951) gut verknüpfen und integrieren und mit ökonomischen Motiven in Verbindung bringen. Angesprochen auf das Verhältnis oder die Beziehung von Anreiz und Risiko ist hinzuzufügen, dass für die Ausübung einer Handlung eine entsprechend große Anreizmotivation bestehen muss, die evtl. Risikoängste kompensiert und übertrifft, denn sonst findet keine Handlung statt, da es sich subjektiv nicht lohnt, sich zu engagieren (s. Wienkamp 2017). Risikolust oder auch Sensationslust (*„Sensation seeking“;* z. B. Zuckerman 2008) als Selbstzweck oder Spekulations- oder Spieltrieb ist dagegen für die Unternehmenspraxis alles andere als bekömmlich und sollte bei der Eignungsdiagnostik eine entsprechende Bedeutung als Einstellungskriterium erhalten.

In letzter Zeit hat sich die psychologische Forschung auch mit den „Anti-Anforderungen“, wie sie hier genannt wurden, beschäftigt und auf die Gefährlichkeit der „Dark Tirade“ (Jones und Paulhus 2014) mit den Variablen: *Narzissmus, Machiavellismus und psychopathologische Verhaltenstendenzen* im Sinne von Unbeherrschtheit oder Unberechenbarkeit für die Unternehmenskultur hingewiesen. Angereichert werden kann diese Sichtweise noch mit den aus der Antike stammenden 30 absonderlichen oder schrulligen (negativen) Charakterzügen, die der Philosoph Theophrast bei seinen Mitmenschen beobachtete (s. z. B. Rüdiger 1949).

2.5 Resümee

Aus diesem Anforderungskatalog dürften sich vornehmlich die für psychologische Anforderungsanalysen wichtigsten Persönlichkeitsvariablen mit ihren Verhaltensmanifestationen rekrutieren lassen. Inwieweit ihnen wissenschaftliche Forschungsbefunde zugrunde liegen, konnte den Ausführungen zu den Anforderungskomplexen entnommen werden.

Psychologische Anforderungsanalysen 3

Über die Konzeption einer psychologischen Anforderungsanalyse mit den extrahierten Anforderungsprofilen aus dem Kreditgeschäft einer Bank erfolgte erstmals eine Präsentation auf einem BDP-Kongress (s. Wienkamp 1999) sowie im Anschluss daran ein Fachartikel (s. Wienkamp 2000). Zunehmende Bedeutung scheinen psychologische Anforderungsanalysen sowohl für das operative Personalgeschäft inkl. Personalauslese und vor allem für die Personalentwicklung, also die PE, zu gewinnen. Aber, auch das strategische Personalmanagement kann davon profitieren, denn die neuen strategischen Akzentsetzungen müssen in der Personalarbeit umgesetzt werden und das setzt nun mal die Kenntnis der neuen oder geänderten Anforderungen aufgrund neuer Geschäfts- oder Marketingstrategien oder neuer Technologien schlicht und einfach voraus, wenn die Strategie realisiert werden soll (s. z. B. Wienkamp 2020).

Arbeits- und Anforderungsanalysen sind in Wissenschaft und Praxis an sich keine neue Methodik, da schon in den Anfängen der psychologischen Forschung hierzu erste Ansätze entwickelt wurden (s. z. B. Hoyos 1974). Allerdings konzentrierte sich das Interesse zunächst auf die Arbeitsgestaltung und Prozessoptimierung, um auf der einen Seite sichere Arbeitsbedingungen zu schaffen, auf der anderen Seite die Arbeitsabläufe den aktuellen Stand der Arbeitsökonomie anzupassen („work-oriented" Ansatz; s. Gatewood und Feild 1987, S. 75, 173, 193). Mit der Zeit gewann der „worker-oriented" Ansatz zunehmende Bedeutung für die betriebliche Personalauswahl und Berufseignungsdiagnostik, da nur die Vorstellungen von den aktuell gefragten und notwendigen „KSA's" (=knowledge, skills, abilities; s. Gatewood und Feild 1987, S. 4) und natürlich den als „soft facts" bekannten Persönlichkeitsmerkmalen eine bedarfsgerechte und qualifizierte Personalauslese garantieren bzw. überhaupt erst die Voraussetzung dafür sind (s. hierzu auch Schuler 2014; Diagnostik und Testkuratorium 2016).

H. Wienkamp, *Psychologische Anforderungsanalysen in Theorie und Praxis*, essentials, https://doi.org/10.1007/978-3-658-29812-8_3

Augenscheinlich haben mit psychologischen Anforderungsuntersuchungen Führungsstilanalysen eine gewisse Ähnlichkeit in der Erhebungsproblematik und sind mit ihrer Ausgangssituation in etwa vergleichbar. Bereits in früheren Jahren machte Wooford (1967) in einem Review darauf aufmerksam, sich an die *situativen Bedingungen,* die angestrebten *Ziele* und die *Managementfunktionen* wie z. B. Planung, Organisation und Kontrolle zu orientieren, bevor Schlüsse über den „idealen" Manager oder Führungsstil zu ziehen sind und sich an den bis dato desillusionären Validitätsbefunden zur Führungskräfteauswahl etwas zum Positiven ändern soll. Im Ergebnis liegt dann ein Anforderungskatalog vor, *was* in einer konkreten Situation die Führungskraft initiieren soll und worauf es ankommt. *Wie* das im Einzelnen durch *welches* Verhalten geschehen könnte und ob verschiedene Wege zum Ziel führen blieb dabei offen. Entscheidend ist, dass diese Rahmenbedingungen den Führungsstil beeinflussen und dass das Verhalten und die Leistung der Mitarbeiter bzw. der Organisation davon abhängen. Besonders zeigt sich das z. B. in der akkuraten Beurteilung von und der erfolgten Reaktion auf effektives und ineffektives Arbeitsverhalten, wie es auch in späteren Studien bestätigt wurde (z. B. Becker et al. 2001, S. 16). Eine gute Management-Performance korrelierte am höchsten mit einem kombinierten Führungsstil („nonlineare model") aus hoher bis moderater Leistungsorientierung und moderater bis niedriger Mitarbeiterfürsorge (s. Waldo et al. 2014).

3.1 Theoretische Grundlagen psychologischer Anforderungsanalysen

3.1.1 Modelle aus der Arbeitspsychologie

Geht es, wie bei psychologischen Anforderungsanalysen, um das Humanverhalten, geraten die in der Psychologie beheimateten Attribute und Verhaltensmerkmale (s. Kap. 2) bei der Konstruktion einer psychologischen Anforderungsanalyse in den Focus, da auf diesen Persönlichkeitsmerkmalen die spätere Methodik und Systementwicklung geeigneter Instrumente beruht.

Zunächst ist es ratsam, sich einige Handlungs- oder Lernmodelle der Psychologie näher anzusehen, da sie Einblicke in grundlegende Lern- und Verhaltensmechanismen gestatten. So ist das *„S-O-R – Modell"* als einfaches behavioristisches Lernmodell eine Basis, um bei gegebenen Aufgaben als Stimulus (S) über die Sichtweise und Einstellung des betroffenen Mitarbeiters (O) eine spezifische Handlung oder Reaktion (R) zu beobachten. Dieses Lernmodell ist analog auf Arbeitssituationen zu übertragen. In der Arbeitspsychologie ist des Weiteren zum einen noch das *informationstheoretische Modell,* das den Informationsfluss in 1) Input, 2) Informationsverarbeitung und 3) Output als Entscheidung oder Handlung unterteilt und definiert, vertreten. Zum anderen das *handlungstheoretische Modell* (s. Volpert 1980, S. 14), das den kompletten Arbeitsvorgang in seine Teilschritte: Planung, Durchführung und Kontrolle (Evaluation) zergliedert und damit neben dem beobachtbaren Arbeitsverhalten auch auf einer anderen Bewusstseinsebene die Kognitionen erfasst und berücksichtigt.

Bei allem Bemühen und dem Plädoyer, sich gerade auf kognitive Arbeitsmodelle bei der Gestaltung von Anforderungsanalysen zu stützen, greifen sie bei der Untersuchung z. B. im Finanz- und Dienstleistungsbereich oder bei Führungs- und Managementfunktionen zu kurz, da sie die Einstellungs- und Persönlichkeitsebene der Beschäftigten sowie ihr soziales Verhalten innerhalb einer Gemeinschaft außen vor lassen. Deshalb ist es wichtig, auf psychologische Anforderungsanalysen zurück zu greifen, da sie mit ihrer Systematik noch am besten den Zwecken und Zielen gerecht werden.

3.1.2 Persönlichkeitsorientierte Modelle

Bei Einbindung von Arbeitstätigkeiten in soziale Beziehungen oder bei zwingender Berücksichtigung von individuellen Persönlichkeitseigenschaften, sei es als Fähigkeiten (Begabungen) oder Potenziale (Talente), die über Einstellungen, Motivation und das konkrete Verhalten selbst den Erfolg dieser Tätigkeit ausmachen oder maßgeblich beeinflussen, kann auf die im Hintergrund wirkenden, latenten Persönlichkeitsfaktoren keinesfalls verzichtet werden. Der Katalog von Persönlichkeits- oder Anforderungsmerkmalen erstreckt sich auf bestimmte Bereiche, die entweder mit der Persönlichkeitsentwicklung oder Persönlichkeitsstruktur zusammenhängen wie Selbstsicherheit, Dominanz- oder Machtansprüche, Eigeninteressen usw. oder für die Gestaltung sozialer Beziehungen maßgeblich sind wie Kommunikation, Kooperation, Empathie, aber auch Durchsetzungsvermögen und Führung. Als Systematik zur Bestimmung und Operationalisierung psychologischer Konstrukte wie Persönlichkeitsmerkmale hat sich die nachfolgende hierarchisch gegliederte Heuristik (s. Tab. 3.1) angeboten:

Diese Heuristik schafft somit eine Verknüpfung von beobachtbarem Verhalten über die Merkmalsfacetten zum Merkmalskonstrukt selbst und wird als Modell zunehmend empfohlen (s. Diagnostik- und Testkuratorium 2016, S. 37).

Schuler (2014, S. 63 f.) schlägt zusätzlich noch drei Vorgehensweisen vor, um eine psychologische Anforderungsanalyse zu konzipieren:

Tab. 3.1 Heuristik zur Bestimmung von Anforderungsmerkmalen. (Aus Wienkamp, in Vorbereitung)

Merkmalsstruktur	Methodik
1. Konstrukt	=Auswahl konzeptioneller Rahmen (Modell)
2. Facette oder Aspekt	=Definition und begriffliche Abgrenzung
3. Verhaltensbeschreibung	=Operationalisierung und Messung

1. Die erfahrungsgeleitete-intuitive Methode, bei der „Experten“ nach ihrer Meinung über die Arbeitsplatzanforderungen befragt werden. In der Regel liegt dann als Ergebnis ein allgemein gehaltener Anforderungskatalog vor.
2. Die arbeitsplatzanalytisch-empirische Methode, bei der ein Arbeitsplatz nach vorgegeben Kriterien, wie Häufigkeit eines bestimmten Ereignisses oder Arbeitsschrittes, Bedeutung einer Aktion für den Arbeitserfolg usw., eingeschätzt und skaliert wird. Auf der Basis dieser empirisch gewonnenen Resultate ist dann noch eine Übersetzung in psychologische Anforderungskategorien zu leisten, die natürlich subjektiv ist.
3. Die personenbezogen-empirische Methode, bei der einzelne Stelleninhaber, z. B. erfolgreiche vs. nicht-erfolgreiche Mitarbeiter, miteinander verglichen und deren spezifisches, erfolgskritisches Verhalten jeweils registriert wird.

Welche Methode gewählt wird ist im Grunde genommen Geschmackssache oder situationsabhängig, was dazu führt, dass das Ergebnis psychologischer Anforderungsanalysen methodenabhängig und nur quasi objektiv ist.

3.1.3 Sonstige Modelle

Gerade in der Praxis treten auch Arbeitskonzepte auf, wie z. B. die „Methode kritischer Ereignisse“ oder „Critical incidents technique (CIT)“ nach Flanagan (1954), die relativ schnell und auf pragmatische Art und Weise zu guten Arbeitsergebnissen geführt hat, weshalb sie immer wieder und gerne z. B. bei der Festlegung der Anforderungskriterien für ein Assessment Center (AC) zum Zuge kommt. Aufgabe ist, für definierte erfolgskritische Arbeitssituationen die Verhaltensweisen herauszufinden, die einen Erfolg oder Misserfolg bedingen. Über die Sammlung und Zuordnung dieser Verhaltensmanifestationen zu jeweils gemeinsamen Oberbegriffen oder Merkmalskategorien lassen sich dann die Anforderungsmerkmale mit ihren Verhaltensankern finden.

3.2 Methodik und Umsetzung in der praktischen Anwendung

Da die „Experten vor Ort" einen erheblichen Gestaltungsspielraum in der Anwendung der Methodik besitzen, sind die Ergebnisse einer psychologischen Anforderungsanalyse nicht frei von subjektiven Einflüssen, also *methodenabhängig,* sodass es ratsam ist, ein multimodales Vorgehen, also einen Methodenmix zu wählen. Teilweise sind die einzelnen Arbeitsschritte sequentiell angeordnet, da eine bestimmte Aktivität des Arbeitsanalytikers eine Voraussetzung für den nächsten Arbeitsschritt ist (z. B. dient die Dokumentenanalyse der Vorbereitung aller nachfolgenden Tätigkeiten wie z. B. des Interviews mit Experten); es sind aber auch ebenso gut Parallelaktivitäten möglich wie z. B. Experteninterview mit oder plus Fragebogeneinsatz.

Bei dem Projekt zur Erhebung von Anforderungsprofilen im Kredit- und Finanzierungsgeschäft einer Bank (s. Kap. 4) hat sich z. B. folgendes Untersuchungsdesign angeboten und bewährt:

1. Mehrebenenanalyse
   Um von dem Erfahrungsschatz aller oder vieler Experten in den Geschäftsbereichen zu profitieren, empfiehlt es sich, eine sogenannte „Mehrebenenanalyse" zu planen. D. h., es werden sowohl die Führungskräfte als Vorgesetzte auf verschiedenen Ebenen als Gesprächspartner eingebunden als auch die betroffenen Mitarbeiter als Aufgabenträger befragt. Bei den Stelleninhabern macht es darüber hinaus Sinn, sowohl erfahrene Mitarbeiter als auch Einsteiger mit relativ wenig Berufserfahrung auszusuchen.
2. Dokumentenanalyse
   Da Arbeitsanalytiker oder Personalfachleute von dem Geschäft vor Ort zwar keine intimen Kenntnisse besitzen, auf der anderen Seite aber qualifizierte Fragen den Interviewpartner über ihre Aufgaben und Tätigkeiten zu stellen haben, bedarf es einer ebenso qualifizierten Vorbereitung. Zu denken wäre demnach an eine Sichtung von Arbeits- und Organisationsunterlagen wie Stellenbeschreibungen, Arbeits- oder Organisationshandbücher etc. Falls keine aussagefähigen Stellenbeschreibungen oder Funktionendiagramme vorliegen, sollte der Personalexperte aus den vorhandenen Materialien einen sogenannten „Steckbrief" (s. Abb. 3.1) erstellen, der sein gewonnenes Verständnis von dem Geschäft oder der Arbeitstätigkeit widerspiegelt, um sich bei den späteren Gesprächspartnern „zu refinanzieren".

3. Interview
   Befragungen oder Interviews mit Vertretern aus den zu untersuchenden Organisationseinheiten sind sowohl aus methodischen als auch aus Akzeptanzgründen zwingend erforderlich. Mithilfe des o. g. Steckbriefes ist sowohl eine gute Vorbereitung auf die Gespräche als auch eine strukturierte Gesprächsführung selbst gewährleistet. Denn der Arbeitsexperte kann sich zum einen vergewissern, ob die Aufgaben und Tätigkeiten, wie er sie verstanden und dokumentiert hat, aus Sicht der Interviewpartner so richtig wiedergegeben sind, zum anderen kann er anhand der Teilaufgaben nach den erfolgskritischen Verhaltensweisen fragen und sich berichten lassen, wie z. B. ein erfahrener

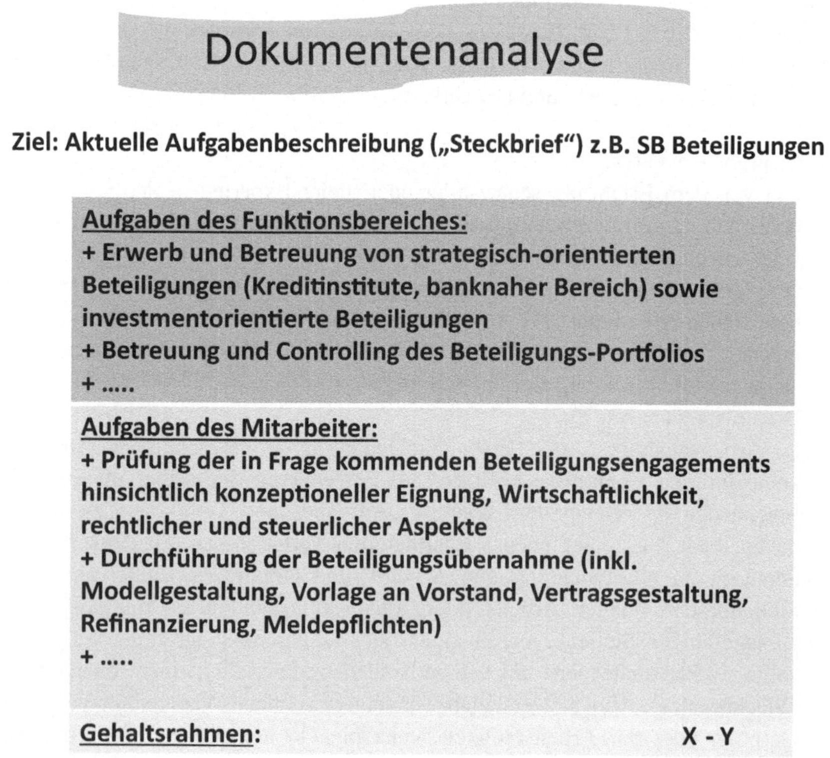

Dokumentenanalyse

Ziel: Aktuelle Aufgabenbeschreibung („Steckbrief") z.B. SB Beteiligungen

Aufgaben des Funktionsbereiches:
+ Erwerb und Betreuung von strategisch-orientierten Beteiligungen (Kreditinstitute, banknaher Bereich) sowie investmentorientierte Beteiligungen
+ Betreuung und Controlling des Beteiligungs-Portfolios
+ .....

Aufgaben des Mitarbeiter:
+ Prüfung der in Frage kommenden Beteiligungsengagements hinsichtlich konzeptioneller Eignung, Wirtschaftlichkeit, rechtlicher und steuerlicher Aspekte
+ Durchführung der Beteiligungsübernahme (inkl. Modellgestaltung, Vorlage an Vorstand, Vertragsgestaltung, Refinanzierung, Meldepflichten)
+ .....

Gehaltsrahmen: X - Y

Abb. 3.1 Beispiel für einen Steckbrief. (aus Wienkamp, in Vorbereitung, Copyright: Dr. Heribert Weinkamp)

Positionsinhaber sich verhält und welche typischen Fehler einem „New Comer" unterlaufen könnten.
Für die Gesprächstechnik selbst ist es wichtig, dass einmal *Wissens- oder Standardfragen* (z. B. „Mit welchen außergewöhnlichen Ereignissen ist zu rechnen" oder „Mit wem sollte sich der Mitarbeiter abstimmen"), zum anderen *Anschlussfragen* (z. B. „Wie sieht die Abstimmung konkret aus") und *Erlebnisfragen* (z. B. „Was haben Sie daraus gelernt" oder „Warum war das jetzt wichtig") gestellt werden. Zu erwarten ist, dass sich bei solch einer Gesprächsführung intensive und anregende Gespräch ergeben, die für den Arbeitsanalytiker viele Informationen abwerfen.

4. Fragebogeneinsatz
Getreu der Devise, dass Anforderungsuntersuchungen methodenabhängig sind, wäre die zusätzliche Erhebung mittels eines Fragebogens oder in Form einer Checkliste nur von Vorteil für die Aussagefähigkeit der Anforderungsprofile als Ergebnis der Erhebung. Außerdem hat sich gezeigt, dass freiprotokollierte Mitschriften nicht so ergiebig sind an konkreten Informationen und nicht präzise genug sind in ihrer Beschreibung von Arbeitsverhalten. Ein als Erhebungsinstrument vorgesehener Fragebogen wäre als unternehmensspezifische „Eigenentwicklung" nach Möglichkeit nach „Testtheoretischen Prinzipien" (wie z. B. nach der *DIN 33430 zur Eignungsdiagnostik;* Diagnostik- und Testkuratorium 2016) zu konstruieren und entweder während des Interviews (Protokollant wäre dann der Interviewer) oder im Anschluss an das Gespräch einzusetzen bzw. dem Gesprächspartner zwecks Beantwortung auszuhändigen. Sein größter Vorteil und Nutzen liegt in der vorherigen Aufbereitung möglicher inhaltsvalider Verhaltensbeschreibungen, die für die Stelle infrage kommen könnten und deren Relevanz bzw. Ausprägungsgrad zu skalieren wäre. Natürlich bedarf es hierzu einiger Vorbereitungen und Prüfschritte bevor das Instrument zum Einsatz kommt. So sind mögliche Verhaltensweisen zu sammeln, den gewählten Persönlichkeitsmerkmalen zuzuordnen (s. Tab. 3.1) und die Verständlichkeit, also der sprachliche Ausdruck, zu überprüfen. Auch darf die Menge an Merkmalen und Verhaltensbeschreibungen nicht zu groß sein, damit die Befragten nicht überfordert werden, was die Resonanz und Ergebnisqualität stark beeinträchtigen würde. Dies gilt im Übrigen auch für die Anzahl der Skalenstufen, bei denen eine Nominalskala mit nur *zwei* Skalenstufen die sicherste und zuverlässigste Variante wäre, da Messartefakte aufgrund unterschiedlicher Ausgangsbasen als Beurteilungsanker per System ausgeschlossen wären.

Schließlich wäre noch zu berücksichtigen, dass bei mehreren verschiedenen Stellen *differentialdiagnostische* Aspekte zum Zuge kommen, d. h., es kommt darauf an herauszufinden, worin sich gerade die Funktion *X* von der Funktion *Y* unterscheidet.

3.3 Resümee

Ohne Theorie funktioniert auch die Vorbereitung und Durchführung einer psychologischen Anforderungsanalyse nicht. Angefangen mit den Modellen aus der Arbeitspsychologie, die in erster Linie im Bereich der Arbeitsgestaltung ihren Ursprung und Verwendungszweck haben, zeigten die persönlichkeitsorientierten Konzepte, dass sie sich eher für die Untersuchung von mitarbeiterbezogenen Anforderungen eignen, da sie auch das soziale Umfeld mit allen Verzweigungen und Beziehungen thematisieren und behandeln. Da die gewonnenen Anforderungsprofile als Ergebnis der Untersuchung „methodenabhängig" sind oder sein können, empfiehlt sich ein multimodales Vorgehen, also einen „Methodenmix" vorzusehen.

4 Praxisbeispiel zur Erhebung von Anforderungsprofilen im Kreditgeschäft einer Bank

4.1 Ausgangssituation

Ohne jeden Zweifel hat sich in der Finanzwelt und auf den Kapitalmärkten in den letzten Jahren viel bewegt und getan, sodass die hiervon betroffenen Banken in regelmäßigen zeitlichen Abständen ihre Strategien den geänderten Marktanforderungen und Kundenbedürfnissen anpassen mussten. Neue hochkomplexe Finanzprodukte wie Derivate oder Optionen waren auf der Basis zukünftiger möglicher Risikoszenarien durch neue Berechnungsmethoden zu kalkulieren und mit einem Preis (Optionspreis o. ä.) zu versehen, der sowohl die Aktiv- als auch die Passivseite, also die Refinanzierung, mit allen oder vielen Eventualitäten und Ungewissheiten in der Zukunft berücksichtigt.

Für die Banken, die entweder im Retailing durch ihr Filialnetz über einen festen Zugang zu ihren Kunden verfügten, oder im Kapitalmarkt- und Kreditgeschäft ihre Beziehungen zu ihren Stammkunden pflegten, ergab sich aufgrund zunehmender Konkurrenz, wie z. B. Niederlassungen von Auslandsbanken oder Online-Banken bzw. Finanzdienste im Internet, die Herausforderung, ihre traditionelle Funktion als „Hausbank" zu verlieren und in einem „Kampf um die Margen" hineingezogen zu werden. Somit waren sie strategisch gezwungen, zum einen außergewöhnliche Finanzprodukte zu entwickeln und anzubieten – und mit den anderen Banken mitzuziehen, zum anderen über das sogenannte „Cross Selling" bei ihren Kunden mehr an Finanzgeschäften zu generieren, um ihren Ertrag z. B. durch mehr Provisionen zu steigern.

Neben einer fortschrittlichen IT-Technologie bedurfte es auch Mitarbeiter und Mitarbeiterinnen, die diesen neuen strategischen Anforderungen entsprachen, was durch eine psychologische Anforderungsanalyse zu untersuchen und zu klären

H. Wienkamp, *Psychologische Anforderungsanalysen in Theorie und Praxis*, essentials, https://doi.org/10.1007/978-3-658-29812-8_4

war. Konkret ging es um die Frage, ob die Ausbildung zum Bankkaufmann/-frau für die Bearbeitung neuer komplexer Finanzierungslösungen im Kreditgeschäft noch ausreichte, oder ob in Zukunft verstärkt eine akademische Basisqualifikation, wie z. B. ein BWL-Studium zu fordern war – und wenn ja, für welche Geschäfts- oder Finanzierungsbereiche? Außerdem war durch die erhobenen Anforderungsprofile für die untersuchten Arbeitsplätze die Frage zu beantworten, durch welche Schulungs- und Personalentwicklungsmaßnahmen die vorhandenen Kreditsachbearbeiter für die neuen Anforderungs- und Qualifikationsstrukturen besser vorbereitet werden konnten.

4.2 Untersuchungsdesign und Methodik

4.2.1 Vorbereitung der Untersuchung

Ohne eine gründliche und fundierte Vorbereitung kann eine Erhebung zur Identifikation von Anforderungsprofilen nicht gelingen. Folgende Vorbereitungsmaßnahmen waren zu treffen:

1. Dokumentenanalyse

Da Personalexperten i. d. R. nicht die genauen Kenntnisse des Finanzierungsgeschäftes in den jeweiligen Geschäftssparten besitzen, geschweige denn die Arbeitsabläufe im Detail kennen, sie aber dennoch die dortigen Aufgaben und daraus resultierenden Anforderungen analysieren und bestimmen sollen, müssen sie sich anhand von Unterlagen gründlich informieren. Im Idealfall liegen Stellenbeschreibungen oder Funktionendiagramme vor, die die Aufgabenstruktur beschreiben und dokumentieren. Dies war bei dieser Untersuchung allerdings nicht der Fall, sodass andere Materialien wie Organisationshandbuch, Produktpräsentationen etc. zu nutzen waren. Ergebnis dieser Analyse und Auswertung war ein „Steckbrief“ (s. Abb. 3.1, Abschn. 3.2), der das erworbene Verständnis von den dortigen Aufgaben dokumentierte und die Basis für die geplanten Interviews war.

2. Fragebogenentwicklung als Erhebungs- und Messinstrument

Da es bei Testverlagen kein Verfahren zur Untersuchung von Anforderungen im Finanz- und Dienstleistungsgeschäft gab, musste ein eigenes unternehmensspezifisches Instrument zur Unterstützung der Datengewinnung und deren Skalierung konstruiert werden. Anhand der vorherigen Dokumentenanalyse ergaben sich Informationen, welcher Art von Geschäftstätigkeit und welche Verhaltensweisen für die Bewältigung der Aufgaben in etwa infrage kamen. Diese wurden gesammelt und dann auf der Basis von „Expertenbefragungen“ den Merkmalskomplexen als Anforderungen zugeordnet. Das wiederholte sich solange, bis sich eine übereinstimmende Zuordnung von mehr als 80 % der Verhaltensbeschreibungen zu einem Persönlichkeitsmerkmal ergab. Damit war zumindest eine relativ stabile Inhaltsvalidität erreicht; statistische Skalenanalysen zu *Item-Schwierigkeiten* (=Heterogenität der Antworten), *Item-Trennschärfen* (=korrelative Beziehung der Items zu ihrem Konstrukt oder Gesamtskalensummenwert) und *Reliabilität* oder Zuverlässigkeit der Messung waren nach Abschluss der Befragung zur Überprüfung der Güte des Instrumentes vorgesehen.

Nach Meinung der Experten waren für Anforderungen im Kreditgeschäft die Merkmale: *Intellektuelle Fähigkeiten, Flexibilität, Selbstsicherheit, Kooperation, Kommunikation* und *Durchsetzungsvermögen* als Merkmalskomplexe gefragt. Als Skala kam eine Nominalskala mit den Ausprägungen *trifft weniger zu* und *trifft im besonderen Maße zu* zur Anwendung, um die Relevanz der jeweiligen Verhaltensweise für die Position festzustellen.

4.2.2 Durchführung der Untersuchung

1. Interview

Die psychologische Anforderungsanalyse erfolgte in zwei Schritten. Zunächst fanden Gespräche mit den Führungskräften der Geschäftsbereiche auf unterschiedlichen Ebenen statt, dann mit den Stelleninhabern, die von den Führungskräften nominiert wurden. Insgesamt haben sich an der Befragung 86 Führungskräfte und Mitarbeiter beteiligt.

In den Gesprächen selbst wurden anhand des Steckbriefes konkrete Informationen über die Aufgaben, Tätigkeiten und soweit möglich die Anforderungen als Verhaltensbeschreibungen erhoben und gemäß ihrer Bedeutung für die Stelle eingeschätzt. Dabei wurde Wert daraufgelegt, über erfolgskritische Arbeitssituationen zu sprechen, d. h., worin sich insbesondere *erfahrene* Mitarbeiter von *weniger erfahrenen* Mitarbeitern unterscheiden. Darüber hinaus wurden die Gesprächspartner auch nach *zukünftigen* Anforderungen aufgrund schon heute absehbarer geschäftsstrategischer Herausforderungen gefragt und ihre Aussagen protokolliert.

2. Fragebogenerhebung
Von den *86* Gesprächspartnern füllten *67* den ausgehändigten Fragebogen aus (=78 %). Davon waren *35* Führungskräfte und *32* Mitarbeiter.

Auf der Basis dieser 67 Fragebögen ließen sich einige statistische Berechnungen zur Qualität der Merkmalsskalen mittels Berechnung der Item-Schwierigkeiten, Item-Trennschärfen und Reliabilität (Cronbachs Alpha) anstellen.

In puncto Item-Schwierigkeiten ergab sich eine wie erwartet große Übereinstimmung in der Einstufung der Verhaltenskriterien, sodass bei einer Zustimmung von>*80 %* der Befragten diese Verhaltenskriterien als *Grundanforderungen* definiert wurden. Bei den Item-Trennschärfen lag eine durchschnittlich höhere Korrelation der Items mit ihren Skalensummenwert vor (Eigen-Trennschärfe) gegenüber einer durchschnittlichen Korrelation mit den Skalensummenwerten der anderen Merkmalsskalen (Fremd-Trennschärfen), was ein positives Ergebnis war. Die Reliabilität belief sich bei vier Skalen auf Werte $r_{tt} > 0{,}70$, was ebenfalls einem guten Ergebnis entsprach, und bei zwei Merkmalsskalen lag die Reliabilität geringfügig unter $r_{tt} < 0{,}70$ (nämlich *0,66* und *0,68*).

Zwischen den gemäß Empfehlung der Gesprächspartner gebildeten *Aufgabentypen,* nämlich Stellen primär für Bankkaufleute (Abk.: Bank) und Stellen primär für Hochschulabsolventen (Abk.: BWL), und dem nach *Status* der Befragten, nämlich Führungskraft (FK) oder Stelleninhaber (MA), differenzierten statistischen Test auf signifikante Unterschiede in den Skalensummenwerten der Merkmale, traten wie erwartet einige statistisch bedeutsame Unterschiede auf (s. Tab. 4.1). In den Merkmalen *Intellektuelle Fähigkeiten* und *Kooperation* waren die Anforderungen bei den „Finanzanalysten" mit BWL-Studium vergleichsweise höher als in den Funktionen, wo überwiegend Bankkaufleute zu finden sind, was

Tab. 4.1 Vergleich der Skalensummenwerte. (aus Wienkamp 2020)

Skala	*Aufgabentyp*			*Status*		
	BWL	Bank	Aussage	FK	MA	Aussage
Intellekt	11,15	9,12	*P<.01*	10,20	10,03	*n. sign.*
Flexibilität	4,94	4,47	*n. sign.*	4,54	4,88	*n. sign.*
Selbstsicherheit	7,70	7,83	*n. sign.*	7,54	8,00	*n. sign.*
Kooperation	5,85	4,79	*P<.05*	5,03	5,63	*n. sign.*
Kommunikation	7,33	8,09	*n. sign.*	7,89	7,53	*n. sign.*
Durchsetzung	4,85	6,82	*P<.01*	5,29	6,47	*P<.05*

auch aufgrund der komplexen Aufgaben und der interdisziplinären Zusammenarbeit mit anderen Kapitalmarktspezialisten plausibel war. Die höheren Anforderungen bei dem Durchsetzungsvermögen der Bankkaufleute mag dem intensiveren Kundenkontakt geschuldet sein (z. B. in der Baufinanzierung).

4.2.3 Anforderungsprofile als Ergebnis der Anforderungsanalyse

Auf der Basis der o. g. Auswertungsergebnisse ließen sich als wichtigstes Ergebnis der psychologischen Anforderungsanalyse die Anforderungsprofile der untersuchten Positionen extrahieren. Möglich war, sowohl für die einzelnen Arbeitsplätze der Kreditbereiche als auch für definierte Stellentypen wie „Finanzanalyst" oder „Kreditsachbearbeiter" homogene Anforderungsprofile zu bestimmen. Hinter diesen Stellentypen stehen nicht nur Verhaltensanforderungen als Bestandteil der Anforderungsprofile, sondern auch in Verbindung mit den notwendigen Fachanforderungen definierte *Qualifikationsprofile* wie z. B. einerseits ein Hochschulstudium, was für Finanzanalysten in Zukunft erforderlich wäre, andererseits eine Bankausbildung oder eine kaufmännische Ausbildung unterhalb der Banklehre (z. B. als „Kaufmann für Bürokommunikation") für Kreditsachbearbeiter im Retailing-Geschäft (z. B. Baufinanzierung). Wie ein Anforderungsprofil für diese Stellentypen aussehen könnte, zeigt exemplarisch Abb. 4.1 mit der Beschränkung auf die Merkmale, die signifikant zwischen den Stellentypen differenzierten (s. Tab. 4.1).

Ein Anforderungsprofil bestand aus den *Grundanforderungen,* die für beide Stellentypen in etwa gleichermaßen zutrafen (Übereinstimmungsquote > *80 %;* s. o.), aus den *Zusatzanforderungen,* die für einen Stellentyp spezifisch waren (Differenz in der Item-Schwierigkeit oder Zustimmung > *20 %* zwischen den beiden Stellentypen) und den in den Interviews ggf. genannten *Zukunftsanforderungen.*

Während die Grundanforderungen aus testtheoretischer Sicht trivial sind, da sie mehr oder weniger für alle Arbeitsplätze gelten und kaum differenzieren (aber auch nicht falsch sind und die Realität beschreiben), boten die Zusatzanforderungen ein differentialdiagnostisches Potenzial an, da sie diejenigen Verhaltenskriterien benannten, von der sich die Funktion *X* von der Funktion *Y* gerade unterscheidet. Die (heuristische) Bedeutung der Zukunftsanforderungen lag eher in der für einen außenstehenden Personalexperten günstigen Gelegenheit,

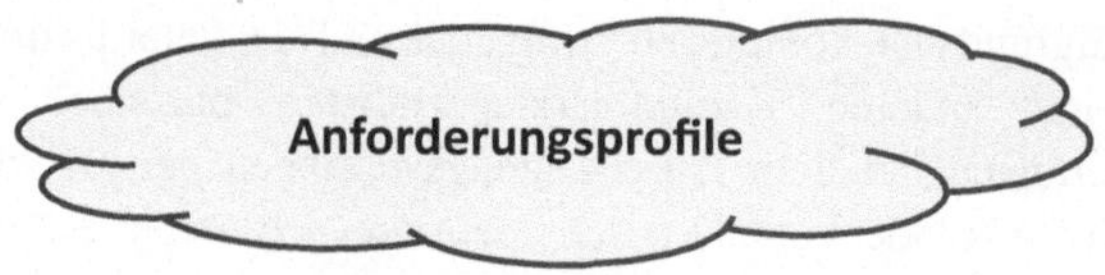

	Bank	**BWL**	**Bank**	**BWL**	**Bank**	**BWL**
Zukunft Anford.	Kalkulier-bare Risiken ein-gehen	Entwickeln von Paket-Lösungen Denken in Szenarien	Unlust von hartnäcki-gem Wider-stand unterschei-den	Gespür für die Gepflogen-heiten des Kunden entwickeln		
Zusatz Anford.	Sich schnell entscheid. können	Gefühl für Zahlen bzw. gutes Zahlen-gedächtnis	Bei Konflikten ausgleichen u. vermitteln	Alle Aktivitäten steuern u. zusammen-führen		Passende Gesprächs-technik entwickeln
Grund Anford.	Wesentliche Zusammen-hänge sehen u. begreifen Infos kritisch hinterfragen		Sich in Gruppen integrieren können		Eindeutige u. klare Vereinbarungen treffen	
Merkmal	***Intellekt***		***Kooperation***		***Durchsetzung***	

Abb. 4.1 Anforderungs- und Verhaltensprofil. (aus Wienkamp 2020)

bei der Datenerhebung zu erfahren, was in den Köpfen der vor Ort Tätigen vor sich geht, wenn sie an zukünftige geschäftliche Herausforderungen denken.

Für die zukünftige Gestaltung des Personalmanagement, insbesondere die qualitative Personalplanung und Ressourcensteuerung, sind diese Resultate aus der Anforderungsuntersuchung wegweisend.

4.3 Resümee

Alle Theorie bleibt sozusagen „grau“, wenn sie sich nicht in der Praxis bewähren kann. Dies galt natürlich auch für die psychologische Anforderungsanalyse, die, wie hier vorgestellt, für die Untersuchung der Positionen im Kreditgeschäft einer Bank konzipiert war. Wie nach Abschluss der Erhebung die einzelnen Daten und Informationen auszuwerten und in Form von sowohl aussagefähigen Anforderungsprofilen als auch strategierelevanten Qualifikationsprofilen zu bündeln waren, war Ziel und Zweck dieses Kapitels.

Anforderungsprofile zur Unterstützung der operativen Personalarbeit

5

Anforderungsprofile sind dazu da, die PE und die Personalauswahl bei der Erreichung ihrer Ziele zu unterstützen. Denn sie geben insbesondere dem lfd. Personalgeschäft die Orientierung und Hinweise, in welche Qualifikationen und Kompetenzen in Zukunft entweder durch PE-Maßnahmen zu investieren ist oder nach welchen Kriterien potenzielle Bewerber zu suchen sind, um die personalstrategischen Anforderungen bestmöglich zu erfüllen.

5.1 Personalentwicklung

Anhand der Anforderungsprofile aus dem Finanzierungsgeschäft einer Bank zeigte sich z. B., dass für den Stellentyp „Finanzanalyst" sowohl in Zukunft ein akademisches Studium als Basisqualifikation von Nöten ist als auch besondere Bildungsmaßnahmen zur Förderung des „Vernetzten Denkens" (s. Probst und Gomez 1989) durch noch auszusuchende Seminare sowie ein Unternehmensplanspiel zum „Komplexitätsmanagement" (in Anlehnung an Dörner et al. 1983) zu ergreifen sind.

Kreditsachbearbeiter mit direktem Kundenkontakt wie z. B. in der Baufinanzierung sind mit ihrer Banklehre gut aufgestellt und bedürfen ggf. noch eine individuelle Förderung zur Durchsetzung der eigenen und damit auch der betrieblichen Interessen gegenüber anderen wie auch Kunden sowie im Bedarfsfalle Produktschulungen zum Aufbau ihrer Cross-Selling Kompetenzen, denn nur durch bereichsübergreifende Geschäfte mit entsprechenden Provisionen lassen sich zukünftig noch zusätzliche Erträge aus dem Kundengeschäft generieren.

Wichtig ist noch darauf hinzuweisen, dass neben dem Bedarf an klassischen Schulungen wie Kommunikations- und Kooperationsseminare, Gruppendynamik

H. Wienkamp, *Psychologische Anforderungsanalysen in Theorie und Praxis*, essentials, https://doi.org/10.1007/978-3-658-29812-8_5

usw. auf alle hochqualifizierten Mitarbeiter und Mitarbeiterinnen generell besondere Anforderungen im Bereich der *Kreativität* und des *Selbstmanagements* zu kommen. Allein schon deshalb, weil fast jede Art von Berufs- oder Erwerbstätigkeit ständig zu neuen originären Problemlösungen oder Kundenangeboten führen muss, die neben den fachlichen Qualitäten, z. B. als Chemiker zur Erforschung und Entwicklung neuer Medikamente, auch eine andere Herangehensweise an die Herausforderungen voraussetzen. Zu denken wäre z. B. an eine höhere *Risikobereitschaft* („Mut zur Lücke"), also sich zu trauen, auch mal unorthodox zu denken und etwas Neues oder anderes auszuprobieren, und nicht zuletzt an eine stärker ins Gewicht fallende *Selbstwirksamkeit,* die auf einem positiven Selbstbild beruht. Gerade ein ausgewogenes *Selbstkonzept* (s. z. B. Filipp 1984) scheint der Garant dafür zu sein, kreatives Denken und Handeln zu ermöglichen (vgl. Hennessey und Amaible 1988, S. 32). Falls im Rahmen der individuellen PE in diesen Kompetenzfeldern Defizite oder noch Verbesserungsbedarf besteht, ist die Organisation gut beraten, hierin entweder in Form eines (individuellen) Coachings oder durch Seminarbesuche zu investieren, da von diesen „Schlüsselqualitäten" letztendlich das Leistungsvermögen und die Wettbewerbsfähigkeit des Unternehmens abhängen.

Anforderungsprofile stiften darüber hinaus noch einen Mehrwert sowohl bei *Umschulungen* infolge von Reorganisations- oder Rationalisierungsmaßnahmen als auch bei *individuellen PE-Programmen* z. B. für Führungsnachwuchskräfte, indem sie diesen Bildungsaktivitäten eine Arbeitsbasis bieten, an welchen *Zielpositionen,* verbunden mit den arbeitsplatzbezogenen Anforderungen, sich die betriebliche Förderung zu orientieren hat.

5.2 Personalauswahl

Bevor es zu eignungsdiagnostischen Aktivitäten zur Auswahl an Bewerbern für vakante Arbeitsplätze kommt, ist u. a. auch gestützt auf die erhobenen Anforderungsprofile, sozusagen in einem zusätzlichen „Transformationsvorgang" die notwendige Basisqualifikation, also entweder *Studium, Berufsausbildung* oder *Sonstiges,* festzulegen. Auf diesem eher fachlich geprägten Qualifikationsprofil als Einstellungsvoraussetzung kann dann das im Zuge der Bewerberauslese diagnostizierte und erhaltene *Bewerberprofil* mit den Persönlichkeitsanforderungen der Stelle verglichen werden, um zu einer Einstellungsentscheidung zu kommen.

Persönlichkeitsanforderungen sind im Grunde genommen Charaktereigenschaften, die speziell an diesem Arbeitsplatz gefordert sind. Wie in dieser

Untersuchung im Finanzbereich (s. Kap. 4) oder in anderen Branchen, sind diese betrieblichen Anforderungen häufig funktionsabhängig und lassen sich daher typisieren oder sogar standardisieren. Zum Beispiel sind die Persönlichkeitsanforderungen an einem Verkäufer im Vertrieb oder Außendienst relativ ähnlich und vergleichbar, egal ob er nun Bankprodukte oder sonstige Waren verkauft.

Gerade für wirtschaftliche Funktionen hat sich gezeigt, dass die aus der Psychodiagnostik bekannten Persönlichkeitsmerkmale (z. B. die „Big5", s. Kap. 3) den Anforderungskatalog nicht optimal entsprechen und abdecken – wenngleich auch in der hier vorgestellten psychologischen Anforderungsanalyse auf gängige Persönlichkeitsmerkmale zurückgegriffen wurde (s. Kap. 4), wie es außerdem noch neuere Verfahren wie das *Bochumer Inventar zur berufsbezogenen Persönlichkeitsbeschreibung – BIP* (Hossip und Weiß 2019) betreiben. Für ökonomische oder merkantile Anforderungen liegen bisher so gut wie keine normierten Verfahren oder Tests vor, die z. B. Anreizmotivation oder Risikoneigung diagnostizieren. Allenfalls gibt es in der psychologischen Forschung vereinzelt Merkmalsskalen, die z. B. *Risikobereitschaft* (HPI; Andresen 2002) oder *Sensation Seeking* (Gniech et al. 1993) thematisieren, oder die eine oder andere Skala zur *Kunden- oder Verkaufsorientierung* oder zum *Unternehmerischen Denken* (s. Sarges und Wottawa 2004, S. 851 f., 893 ff.). Es darf aber bezweifelt werden, ob z. B. die Skalen zur Risikoneigung ökonomische Verhaltensmuster abgreifen, wenn z. B. danach gefragt wird, ob man gerne „laute Musik hört" oder „Fallschirm springt". Auch die in Anlehnung an die Reinforcement-Sensitivity Theory entwickelten *BIS*- und *BAS-Skalen* (s. Abschn. 2.4), ursprünglich entwickelt von Carver und White (1994) und im deutschsprachigen Raum von Strobel et al. (2001) eingeführt, helfen an dieser Stelle auch nicht weiter, da die Itemformulierungen sich ebenfalls nicht nach wirtschaftlichen Gegebenheiten richten.

Insbesondere für Management- und Vertriebsfunktionen, die sich mit „Business" im weitesten Sinne beschäftigen, sollten daher verstärkt Anforderungsmerkmale in Betracht kommen, die die betriebliche Kernanforderung, nämlich „Geschäfte zu machen", abdecken. Damit würden auch frühere Forderungen von Katona (1960, 1962, 1976) erfüllt, stärker die „Psychologie wirtschaftlichen Verhaltens" z. B. bei Konsum, Sparen und Investieren zu berücksichtigen und merkantile Dispositionen in den Focus zu nehmen, die sowohl auf der Seite des Unternehmens (als Verkäufer) als auch auf der des normalen Verbrauchers (als Käufer), z. B. um ein „Schnäppchen zu machen", vorkommen. Möglicherweise könnte ein Testverfahren zur „Identifikation einer Wirtschafts- und Finanzpersönlichkeit", wie der geplante *„Six & Six"* (Wienkamp, in Vorbereitung), demnächst Abhilfe schaffen.

Ein alternativer Zugang zur Identifizierung geeigneter Bewerber wäre die Verwendung von bzw. Fahndung nach Mitarbeitertypen, ähnlich dem Erstellen von möglichen „Täterprofilen" in der Forensischen Psychologie oder Kriminalistik. In der betrieblichen Eignungsdiagnostik würde man dann nach dem typischen *Manager, Unternehmer, Verkäufer* etc. inständig suchen und sich von einem Gesamteindruck oder Gesamtbild leiten lassen, was ggf. aus arbeitsökonomischen Gründen bei der Bewerberselektion von Vorteil wäre. Damit dieses Vorgehen nicht in Sprechblasen oder Allgemeinplätzen mündet, empfiehlt es sich, hierfür geeignete Kriterien als Merkmalsdimensionen zu verwenden und über deren Kombinationen zu markanten Persönlichkeitstypen zu kommen (s. Abb. 5.1 und 5.2; Wienkamp 2019, S. 134 f.).

Nicht zu vergessen sind im Rahmen der Personalauswahl die „Anti-Anforderungen" (s. Kap. 1 und 2), auf die bei einem schon leisen Verdacht sofort reagiert werden sollte, um Fehleinstellungen zu vermeiden. Manchmal macht es Sinn, in dem Anforderungsprofil auch diejenigen Verhaltensnormen aufzulisten und zu dokumentieren, die bei dieser Stelle als „Anti-Anforderungen" *überhaupt nicht* auftreten dürfen und sollten.

	- Anreizmotivationssystem (BAS)	+
+	**Spieler** Motivation gilt dem Nervenkitzel	**Investor** (strategisch) **oder Spekulant** (day traiding) Motivation gilt dem „Deal"
Risikoneigung (BIS -)		
-	**Geizhals** Motivation gilt der Sicherung des Status quo	**Optimierer** (Geduld) **oder Konfliktträger** (Aggression) Motivation gilt dem Prozess

Abb. 5.1 Persönlichkeits- oder Finanztypen auf der Basis der Persönlichkeitsmerkmale Anreizmotivation und Risikoneigung. (aus Wienkamp 2019)

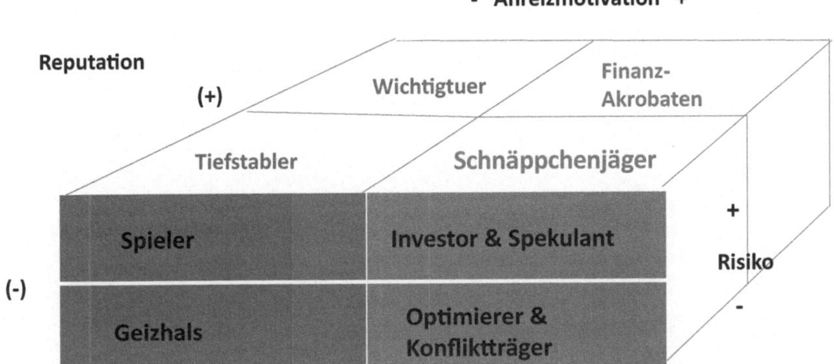

Abb. 5.2 Persönlichkeits- oder Finanztypen unter Hinzuziehung der Persönlichkeitsvariable „Reputation". (aus Wienkamp 2019)

5.3 Resümee

Mit der Gewinnung und Extraktion von Anforderungsprofilen ist es allein noch nicht getan. So müssen diese empirisch gewonnenen Befunde konkret mit dem operativen Personalgeschäft in Beziehung stehen und insbesondere bei der PE der vorhandenen Mitarbeiter als auch bei der Personalsuche neuer Mitarbeiter für unbesetzte Stellen eine strategische Orientierung bieten und auf diese Weise einen personalwirtschaftlichen Nutzen stiften.

6 Konsequenzen für das Personalmanagement

Mit einem Cockpit, z. B. in einem Flugzeug, verbindet sich die Vorstellung von Armaturen, Anzeigeinstrumenten oder allgemein Frühwarnsignale, wenn die Funktionstüchtigkeit eines Systems „auf den Prüfstand steht". Auch das Personalmanagement versteht oder definiert sich als ein System, indem die Aktivitäten aus dem operativen Tagesgeschäft sicherstellen müssen, dass „am Ende des Tages" die aktuelle Personalstrategie mit ihren Zielvorgaben erfüllt wird.

Da die psychologische Anforderungsanalyse selbst Verhaltensnormen in Form der Anforderungsprofile vorgibt, hat das lfd. Personalgeschäft dafür zu sorgen, dass die daraus resultierenden Leistungen und Ergebnisse mit der verabschiedeten Personalstrategie konformgehen. M. a. W.: Die Anforderungsprofile geben „Leitplanken" vor, an denen sich sowohl die Schulungsmaßnahmen der PE mit ihren Curricula als auch die betriebliche Eignungsdiagnostik zur Auswahl von Bewerbern orientieren und halten, um die dahinterstehenden strategischen Personalziele zu erreichen.

Am besten ist es, diesen Umsetzungsprozess anhand einiger ausgesuchter Personalkennzahlen zu begleiten und zu kontrollieren. Aber, da es eine Vielzahl und Fülle möglicher Personalkennwerte gibt – lt. Wucknitz (2009, S. 1) soll es bis zu 1000 Personalkennzahlen geben – ist es nicht gerade einfach und trivial dieses Personal-Controlling zu meistern. Vor diesem Hintergrund ist es notwendig und sinnvoll, eine Reihe von Vorüberlegungen anzustellen, die zu einem Personalkennzahlensystem mit ausgesuchten und relevanten Kennziffern und Messwerten führen, um daraus passende Kontrollgrößen als Erfolgsparameter auszuwählen (s. Wienkamp 2020).

Ein Cockpit hat stets eine inhärente „Bewertungsmethodik", die augenblicklich signalisiert, ob die Signale auf *grün* stehen und sozusagen alles „ok" ist, oder ob (noch) Vorsicht angezeigt ist (=*gelb*), z. B. bei Zielverfehlung, aber

H. Wienkamp, *Psychologische Anforderungsanalysen in Theorie und Praxis*, essentials, https://doi.org/10.1007/978-3-658-29812-8_6

Verbesserung gegenüber dem Vorjahr, oder ob sogar eine Remedur notwendig ist, wenn die Ampel auf *Rot* umschaltet, da weder die Ziele erreicht wurden noch eine Verbesserung erfolgte. Ausschnitthaft soll anhand einiger Beispiele die Logik solch eines *HR – Cockpits* mit aussagefähigen Kennziffern auf der Basis fiktiver Daten dargestellt werden (s. Tab. 6.1). Wesentlich für ein HR – Cockpit, oder für ein Cockpit überhaupt, ist die Signalfunktion, die z. B. mithilfe eines *Ampelschemas* auf Basis der Ampelfarben: rot, gelb und grün sehr gut umzusetzen ist.

Aus diesem fiktiven Anwendungsbeispiel geht z. B. hervor, dass über eine Verbesserung der *Kontaktquote,* also den zu führenden Personalgesprächen, egal aus welchem Anlass, auf die anderen Erfolgsparameter des Personalgeschäftes Einfluss

Tab. 6.1 Beispiel für ein HR – Cockpit. (In Anlehnung an Wienkamp, in Vorbereitung)

Nr.	Personalkennzahl	Formel	Ist	Vorjahr	Ziel	Ampel
Personalgespräche als Ausgangsbasis						
1	Kontaktquote – Personalbetreuung	=Anzahl Personalgespräche × 100/Personalbestand =320× 100/1000	32,0 %	30,5 %	60,0 %	gelb
Erfolgsindikatoren der Personalentwicklung						
2	Potenzialquote	=Anzahl Potenzial-Kandidaten × 100/ Personalbestand =45 × 100/1000	4,5 %	4,1 %	5,0 %	gelb
3	Nachfolger pro Vakanz	=Anzahl Nachfolger/ Bedarf an AT-MA im 1. Planjahr =30/15	2,0 MA	2,2 MA	3,0 MA	rot
Erfolgsindikatoren der Personalbeschaffung und Stellenbesetzung						
4	Anteil (%) interner Stellenbesetzungen	=Anzahl interne Besetzungen x 100/ Gesamtzahl Stellenbesetzungen =32 × 100/70	45,7 %	49,0 %	>60,0 %	rot
5	Verhältnis BW-Termine pro Stellenbesetzung	=Anzahl Termine/ext. Stellenbesetzungen =80/38	2,1	1,7	<2,5	grün
Erfolgsindikator der Personalqualität						
6	Qualifikationsniveau	=(Σ Q-Ist/Q-Soll) × 100 =(Σ 92/100) × 100	92,0 %	90,5 %	95,0 %	gelb

zu nehmen ist. So lässt sich z. B. der *Anteil an internen Stellenbesetzungen* steigern, wenn die Vertreter des Personalbereiches bei jeder Vakanz häufiger einen internen Kandidaten ins Gespräch bringen können oder zu einer möglichen Bewerbung ermuntern. Dies setzt aber zwingend voraus, dass die Personalabteilung mit den Mitarbeitern des Hauses lfd. in Kontakt steht. Personalstrategisch ist es notwendig – und daher die Zielgröße von *60 %* -, in etwa alle *zwei* Jahre mit den Mitarbeitern oder Mitarbeiterinnen ein Personalgespräch zu führen oder sie zumindest zu kontaktieren, ob eine Beratung, in welcher Angelegenheit auch immer, demnächst infrage kommen könnte (weitere Erläuterungen und Hintergrundinformationen zu den Personalkennzahlen s. Wienkamp, in Vorbereitung).

Irgendwann schließt sich dann der Kreis, indem, wie bereits erwähnt, die Ergebnisse aus dem Tagesgeschäft über die im HR – Cockpit ausgewählten Kenngrößen mit ihren *Soll – Ist – Vergleichen* an das strategische Personalmanagement zurückgespielt werden, um festzustellen, ob die Personalarbeit „noch auf Kurs ist“ oder es neuer Maßnahmen oder neuer strategischer Zielsetzungen bedarf. Anschaulich lässt sich dieser Mechanismus am besten durch ein „Regelkreismodell“ illustrieren (s. Abb. 6.1).

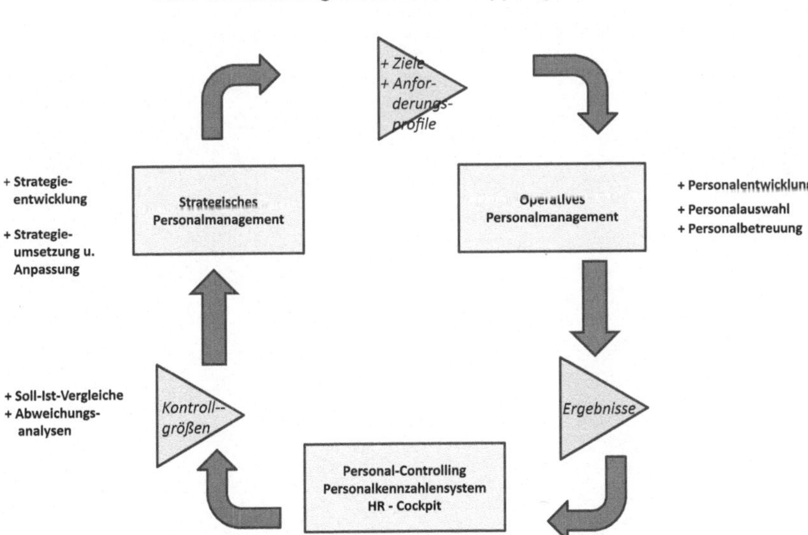

Abb. 6.1 Regelkreismodell. (aus Wienkamp, in Vorbereitung)

Personalexperten sind i. d. R. dafür prädestiniert, nicht nur die lfd. Personalarbeit zu betreiben, sondern auch bei entsprechenden theoretischen und methodischen Kenntnissen eine psychologische Anforderungsuntersuchung durchzuführen. Allerdings sind die „Abnehmer“ dieser Ergebnisse der Vorstand oder das „oberste“ Management, die keine Spezialisten sind, aber für die strategischen Fragen zuständig und verantwortlich. Von daher ist resümierend zur Kenntnis zu nehmen und zu fordern, dass ein Controlling-System zur Unterstützung der personalwirtschaftlichen Steuerung so einfach und verständlich wie möglich sein muss – getreu nach der Devise: einfach, pragmatisch, systematisch -, wenn es für diesen Nutzer- und Entscheiderkreis einen signifikanten spürbaren Mehrwert stiften soll.

Was Sie aus diesem *essential* mitnehmen können

- Ein Überblick über die theoretisch-methodischen Implikationen vor Durchführung einer psychologischen Anforderungsanalyse
- **Eine komplette Anforderungsanalyse aus der Praxis mit Ergebnissen**
- **Die Einordnung der Anforderungsprofile als Auswertungsergebnis in ein Personal-Controlling System**

H. Wienkamp, *Psychologische Anforderungsanalysen in Theorie und Praxis*, essentials, https://doi.org/10.1007/978-3-658-29812-8

Literatur

Andresen, B. (2002). *Hamburger Persönlichkeitsinventar (HPI)*. Göttingen: Hogrefe.

Becker, B. E., Huselid, M. A., & Ulrich, D. (2001). *The HR scorecard. Linking people, strategy, and performance*. Boston: Harvard Business School Press.

Brunstein, J. C. (2010). Implict motives and explicit goals.The role of motivational congruence in emotional well-being. In O. C. Schultheiss & J. C. Brunstein (Hrsg.), *Implicit motives* (S. 347–374). Oxford: University Press.

Carver, C. S., & White, T. L. (1994). Behavioral inhibition, behavioral activation, and affective responses to impending reward and punishment: The BIS/BAS scales. *Journal of Personality and Social Psychology, 67,* 319–333.

Costa, P. T., Jr., & McCrae, R. R. (1992). *Revised NEO Personality Inventory (NEO-PI-R) and NEO Five -Factor Inventory (NEO-FFI). Professional Manual*. Odessa: Psychological Assessment Resources.

Deci, E. L., & Ryan, R. M. (1985). *Intrinsic motivation and self-determination in human behavior*. New York: Plenum Press.

De Vries, R. E., De Vries, A., De Hoogh, A., & Feij, J. (2009). More than the big five: Egoism and the HEXACO model of personality. *European Journal of Personality, 23,* 635–654.

Diagnostik- und Testkuratorium (Hrsg.). (2016). *Personalauswahl kompetent gestalten. Grundlagen und Praxis der Eignungsdiagnostik nach DIN 33430*. Berlin: Springer.

Dörner, D., Kreuzig, H. W., Reither, F., & Stäudel, T. (1983). *Lohausen: Vom Umgang mit Unbestimmtheit und Komplexität*. Bern: Huber.

Drucker, P. F. (2009). *Management. Das Standardwerk komplett überarbeitet und erweitert* (Bd. 1). Frankfurt a. M.: Campus.

Fechtenhauer, D. (1999). Zur Psychologie des Versicherungsbetruges. In L. Fischer, T. Kutsch, & E. Stephan (Hrsg.), *Finanzpsychologie* (S. 188–213). München: Oldenbourg.

Filipp, S. H. (Hrsg.). (1984). *Selbstkonzept-Forschung. Probleme, Befunde, Prognosen* (2. Aufl.). Stuttgart: Klett.

Flanagan, J. C. (1954). The critical incident technique. *Psychological Bulletin, 51,* 327–358.

H. Wienkamp, *Psychologische Anforderungsanalysen in Theorie und Praxis*, essentials, https://doi.org/10.1007/978-3-658-29812-8

Gatewood, R. D., & Feild, H. S. (1987). *Human resource selection*. Chicago: Dryden Press.

Gniech, G., Oetting, T., & Brohl, M. (1993). *Untersuchungen zur Messung von "Sensation Seeking"*. Bremer Beiträge zur Psychologie. Bremen: Institut für Psychologie und Kognitionsforschung der Universität Bremen.

Gray, J. A. (1971). *The psychology of fear and stress*. New York: McGraw-Hill.

Gray, J. A. (1987). *The psychology of fear and stress* (2. Aufl.). Cambridge: Cambridge University Press.

Gray, J. A., & McNaughton, N. (2000). *The neuropsychology of anxiety* (2. Aufl.). Oxford: University Press.

Heckhausen, H. (1963). *Hoffnung und Furcht in der Leistungsmotivation*. Meisenheim: Hain.

Hennessey, B. A., & Amabile, T. M. (1988). The conditions of creativity. In R. J. Sternberg (Hrsg.), *The nature of creativity, contemporary psychological perspectives* (S. 11–38). New York: Cambridge.

Hossip, R., & Weiß, S. (2019). *BIP – AM. Bochumer Inventar zur berufsbezogenen Persönlichkeitsbeschreibung – Anforderungsmodul* (1. Aufl.). Göttingen: Hogrefe.

Hoyos, C. (1974). *Arbeitspsychologie*. Stuttgart: Kohlhammer.

Hull, C. L. (1943). *Principles of behavior. An introduction to behavioral theory*. New York: Appelton-Century-Crofts.

Hull, C. L. (1951). *Essentials of behavior*. New Haven: Yale Press.

Jones, D. N., & Paulhus, D. L. (2014). Introducing the short dark triad (SD3): A brief measure of dark personality traits. *Assessment, 21*(1), 28–41.

Katona, G. (1960). *Das Verhalten der Verbraucher und Unternehmer. Über die Beziehungen zwischen Nationalökonomie, Psychologie und Sozialpsychologie*. Tübingen: Mohr.

Katona, G. (1962). *Die Macht des Verbrauchers*. Düsseldorf und Wien: Econ.

Katona, G. (1976). *Psychological economics* (2. Aufl.). New York: Elsevier.

Keynes, J. M. (1997). *The general theory of employment, interest, and money*. Amherst: Prometheus. (Erstveröffentlichung 1936).

Kuhl, J. (2010). *Lehrbuch der Persönlichkeitspsychologie*. Göttingen: Hogrefe.

Lee, K., & Ashton, M. C. (2004). Psychometric properties of the HEXACO Personality Inventory. *Multivariate Behavioral Research, 39,* 329–358.

Malik, F. (1998). Anforderungsprofile – Eine Falle? *M.o.M. Malik on Management, Nr. 6/98,* (Hrsg. Management Zentrum St.Gallen).

McClelland, D. C. (1987). *Human motivation*. Cambridge: Cambridge University Press.

McCrae, R. R., & Costa, P. T., Jr. (1999). A five –factor theory of personality. In L. A. Pervin & O. P. John (Hrsg.), *Handbook of personality. Theory and research* (2. Aufl., S. 139–153). New York: Guilford Press.

Probst, G. J. B., & Gomez, P. (Hrsg.). (1989). *Vernetztes Denken. Unternehmen ganzheitlich führen*. Wiesbaden: Gabler.

Rüdiger, H. (1949). *Theophrast Charakterbilder. Sammlung Dietrich Band 34* (Bd. 34). Leipzig: Dieterrische Verlagsbuchhandlung.

Sarges, W., & Wottawa, H. (2004). *Handbuch wirtschaftspsychologischer Testverfahren* (2. Aufl.). Lengerich: Pabst.

Schuler, H. (2014). *Psychologische Personalauswahl: Eignungsdiagnostik für Personalentscheidungen und Berufsberatung* (4. Aufl.). Göttingen: Hogrefe.

Strobel, A., Beauducel, A., Debener, S., & Brocke, B. (2001). Eine deutschsprachige Version des BIS/BAS Fragebogens von Carver und White. *Zeitschrift für Differentielle und Diagnostische Psychologie, 22*(3), 216–227.

Volpert, W. (1980). Psychologische Handlungstheorie – Anmerkungen zu Stand und Perspektive. In W. Volpert (Hrsg.), *Beiträge zur Psychologischen Handlungstheorie* (S. 13–27). Bern: Huber.

Waldo, R. D., Wharton, R. B., & Parks, K. M. (2014). Achieving and relating: Validation of a two-factor model of managerial orientation. *International Journal of Business and Social Sciences, 5*(6), 1–8.

Webley, P., Cole, M., & Eidjar, O.-P. (2001). The prediction of self-reported and hypothetical tax-evasion: Evidence from England, France and Norway. *Journal of Economic Psychology, 22,* 141–155.

Wienkamp, H. (1999). Psychologisch orientierte Anforderungsanalysen zur Feststellung von Anforderungsprofilen und Qualifikationsstrukturen. In G. Kampen, H. Zayer, W. Schönpflug (Hrsg.), *Beiträge zur angewandten Psychologie/5. Deutscher Psychologentag und 20. Kongress für Angewandte Psychologie des Berufsverbandes Deutscher Psychologinnen und Psychologen (BDP e. V.) in Berlin 1999* (S. 57–59). Bonn: Deutscher Psychologen Verlag.

Wienkamp, H. (2000). Vom Bankbeamten zum Kundenberater. *Management & Training, 12*/00, 30–33.

Wienkamp, H. (2017). *The influence of incentive motivation and risk tolerance on risky decisions. An empirical study to show how direct effects from these psychological constructs and indirect effects from two mediators connected with risk, influence decision in ambivalent situations.* A thesis submitted for the degree of Ph.D., University of Nicosia, Department of Psychology.

Wienkamp, H. (2019). *Anreiz, Risiko, Ruin. Finanzpsychologie für jedermann!* Berlin: Springer.

Wienkamp, H. (2020). *Der Weg zum Personalkennzahlensystem. Das HR-Cockpit in der Praxis – einfach, pragmatisch, systematisch.* Heidelberg: Springer.

Wienkamp, H. (in Vorbereitung). *Psychologische Anforderungsanalysen. Methodik und Praxis zur Bestimmung von Anforderungsprofilen.* Berlin: Springer.

Wienkamp H. (in Vorbereitung). *Persönlichkeitstest über Ihr Business- und Finanzprofil (Six & Six).* Berlin: Springer.

Wooford, J. C. (1967). Behavior styles and performance effectiveness. *Personal Psychology, 20*(4), 461–495.

Wucknitz, U. D. (2009). *Handbuch Personalbewertung. Messgrößen, Anwendungsfelder, Fallstudien für das Human Capital Management* (2. Aufl.). Stuttgart: Schäffer-Poeschel.

Zuckerman, M. (2008). Sensation seeking and risky behavior (2. Aufl.). Washington: American Psychological Association.